AF226911

DISCOURS

DE

M. GAMBETTA

A GRENOBLE

Le 10 octobre 1878.

GRENOBLE

IMPRIMERIE ET LITHOGRAPHIE Vᵛᵉ RIGAUDIN

8, rue Servan, 8

—

1878

DISCOURS

DE

M. GAMBETTA

à Grenoble, le 10 octobre 1878.

Mes chers Concitoyens,

Les paroles qui viennent de m'être adressées et qui, on a bien voulu le dire, expriment le sentiment sincère de cette démocratie française à laquelle j'ai consacré tous mes efforts, tout ce que je peux avoir d'ardeur et de force au travail, — ces paroles sont pour moi une récompense que je prise bien plus haut que tous les accidents de la fortune ou du pouvoir, et elles m'obligent à vous dire qu'en venant fraternellement au milieu de vous, avec qui je suis en communion de pensée, d'espérance et d'efforts pour le triomphe d'une République véritablement nationale et française, je savais que cet accueil me serait fait. Et lorsque je pense que le moment est bon pour adresser la parole à nos amis des autres départements, que l'heure exige ou des explications ou des exhortations, c'est presque par un penchant invincible de mon cœur que je me trouve amené dans ce massif central du Dauphiné, qui est pour moi, au milieu d'autres qualités qui le distinguent, comme le cœur et le centre même de l'énergie française.

Il y a, en effet, ici, une démocratie équilibrée, une démocratie ferme, ardente mais sûre ; une démocratie qui sait distinguer la période de la discussion de la période de l'action, qu'on est toujours assuré de trouver debout quand il faut être debout, une démocratie circonspecte et vigilante quand la situation exige qu'on surveille l'ennemi sans provoquer de mouvement offensif.

C'est donc tout naturellement que je vous disais, en 1872, que nous entrions dans une étape particulière de notre politique ; je me faisais alors un plaisir de choisir Grenoble comme centre d'action, et aujourd'hui je me fais un plaisir nouveau de retrouver des amis et des compagnons de la première heure et de leur dire : Nous allons franchir encore un défilé, nous allons arriver sur un autre plateau ; voulez-vous que je vous fasse connaître les espérances que je conçois et les écueils et les périls qu'il s'agit d'éviter ?

Nous voici, en effet, grâce à la résolution et à la fermeté du gouvernement, à la veille d'un acte décisif, d'une importance capitale pour toute la France. Le décret que le cabinet vient de rendre, et qui a l'assentiment de l'opinion publique, nous met à quelques semaines de cette échéance sur laquelle tous les partis ont les yeux fixés depuis tantôt trois ans et qui doit être pour nous la délivrance, et pour nos ennemis — qu'on peut distinguer en deux camps : ceux qui espèrent encore et ceux qui n'espèrent plus — le signal de la déroute définitive ou d'une pacification que tout le monde doit désirer. (Très-bien ! très-bien ! — Applaudissements.)

Après huit ans d'épreuves, après avoir épuisé toutes les formes du sacrifice et du dévouement, après avoir accumulé toutes les preuves de patience et de sagesse, après avoir résisté à toutes les provocations, à celles qui étaient effrontées comme à celles qui étaient captieuses et perfides, la France a échappé définitivement aux hommes du 24 Mai et du 16 Mai. Elle espère toucher enfin au terme de cette lutte, aussi stérile que fatigante, qui lui disputait la fondation d'un gouvernement libre, du gouvernement nécessaire à une démocratie majeure, de la République. (Vive adhésion et applaudissements.)

Vous connaissez mieux que moi, pour les avoir peut-être supportés de plus près, les excès qui ont marqué ces deux tentatives de retour offensif de l'esprit de l'ancien régime. Aussi ce n'est pas pour vous ramener en arrière, pour exciter à nouveau vos légitimes indignations que je suis ici ; c'est plutôt pour rechercher par quels moyens, par quels actes, d'ici à quelques jours, nous pourrons enfin mettre un terme aux inquiétudes, aux angoisses qui, à certaines heures, prennent la France à la gorge et l'arrêtent au milieu de son travail de perfectionnement et de progrès.

Oui, dans quelques jours, beaucoup des Conseils municipaux de France vont se réunir pour faire sortir de leurs rangs un homme auquel ils confieront le pouvoir le plus redoutable, celui de choisir, à un jour donné, l'arbitre, le juge de la situation politique générale. Les élections sénatoriales qui se préparent coïncideront, en effet, par la durée du mandat qui sera de neuf ans, avec des échéances que je n'ai pas besoin d'analyser très-profondément, soit au point de vue du pouvoir exécutif, soit au point de vue du fonctionnement des pouvoirs électifs eux-mêmes, soit au point de vue des diverses réformes nécessaires, les unes à réaliser immédiatement, les autres nécessaires aussi et à mettre à l'étude tout de suite.

On sent, par conséquent, combien va être grave la mission que ce délégué sera chargé d'aller remplir au centre du département. Je voudrais que d'ici à cette réunion tous les membres des Conseils municipaux de France se missent en face de la responsabilité qui va peser sur eux, car s'il y a des hommes qui auront la responsabilité entière des intérêts et de l'avenir de la patrie, ce sont ceux auxquels sera confié à la fois le soin de son honneur et de sa sécurité.

Il y a des jours où la responsabilité pèse plus lourde encore sur la tête des mandants que sur celle des mandataires, c'est lorsque cette responsabilité est dans le peuple et non pas dans ses élus, et toujours le peuple lui-même ou ses représentants doivent se mettre en présence des lourdes responsabilités encourues ; car, après le vote rendu, il n'est plus possible de ressaisir les conséquences inéluctables qui doivent en sortir.

Si je ne voulais citer qu'un seul exemple de cette responsabilité tout entière qui incombe aux commettants, j'évoquerais devant vous le souvenir de ce plébiscite fatal du 8 mai 1870, dont la France a failli mourir ; je dirais que l'homme investi d'un mandat a une responsabilité à supporter, mais que d'abord il y a celle du suffrage universel, du mandant, du pays lui-même. Eh bien ! nous sommes à une de ces heures solennelles où, comme en mai 1870, on peut dire au pays : Tu tiens ton sort dans tes mains, et c'est du choix triennal du Sénat que sortira l'ordre ou le désordre, la paix ou la guerre à l'intérieur. (Très-bien ! très-bien ! — Applaudissements.)

Et c'est à cela, Messieurs, que doivent servir les cruelles leçons que nous avons reçues et sous le coup desquelles nous saignons encore. Il faut que cette histoire, à la fois si désolante et si rapprochée, nous avertisse toutes les fois que nous avons un grand acte à accomplir. Aussi je dis à ces représentants des communes rurales qui sont venus au milieu de nous : Rappelez-vous, rappelez à vos concitoyens, à vos collègues qu'au mois de mai 1870 on leur disait : Votez, votez contre la démocratie, votez contre les libéraux, votez contre les républicains, votez pour le pouvoir personnel, donnez de pleins pouvoirs à un homme ; ne vous préoccupez pas de la direction des affaires : des esprits plus élevés, plus sûrs, plus compétents que vous en ont la charge et le profit ; vous êtes sûrs, en vous rangeant uniquement du côté du pouvoir personnel, en faisant taire ces démagogues et ces agitateurs, d'avoir l'ordre, la paix et le progrès.

Et le peuple s'est abandonné. Il a cru aux calomnies, il a subi la pression. Il a cru, dans sa naïveté, dans la confiance naturelle que lui inspire un gouvernement quel qu'il soit, parce qu'il est le gouvernement, il a cru qu'on ne pouvait pas le tromper à ce point. Vous connaissez le réveil ? (Longs applaudissements et bravos.)

Jamais cette justice sévère qui réside au fond de toutes les actions individuelles et collectives et qui sort de tous les actes humains, jamais cette Némésis n'est sortie avec une rapidité plus effroyable de l'arrêt que le peuple avait lui-même signé de sa déchéance, et elle s'est manifestée par l'invasion, par le démembrement, par les lourds impôts qui nous accablent encore. (Mouvement.)

Voilà ce qui se produit quand on s'abandonne, quand on ne fait pas soi-même ses affaires, quand on n'a pas conscience de la gravité de son vote.

Aussi faut-il aujourd'hui bien faire comprendre la gravité du vote à émettre aux délégués sénatoriaux qui vont sortir du scrutin des 15,000 Conseils municipaux convoqués. Il faut leur faire bien sentir qu'ils sont à une heure, à une époque qui est aussi importante pour l'ordre intérieur et la stabilité extérieure que l'était l'époque du plébiscite du mois de mai 1870 pour la paix extérieure et l'intégrité de la France. (Assentiment unanime et applaudissements prolongés.)

Il est certain que si les hommes du 24 Mai ont pu revenir au 16 Mai, que s'il y a eu des tentatives véritablement coupables et criminelles contre la volonté de la majorité de la France solennellement exprimée aux élections de 1876 ; que si les mêmes hommes qui avaient déjà si funestement renversé l'illustre homme d'État amené par son patriotisme à la République, et fait succéder à son gouvernement de modération un gouvernement de vexations et de proscriptions, ont pu diriger une suprême tentative contre les droits et la volonté de la nation, — il est certain, dis-je, que si ces faits ont pu se produire, c'est parce qu'il y avait au Sénat une majorité de quelques voix guidée par des factieux et qui, trompée par l'indifférence de quelques-uns, dans un jour d'égarement, dans un jour de défaillance, se trompant peut-être elle-même sur les conséquences qu'on allait faire sortir de son vote, a permis qu'on fît d'elle un prétexte, un instrument à l'aide duquel, pendant sept mois, on a livré la France à tous les vents du hasard, à toutes les aventures, à tous les périls, en usurpant légalement, je le veux bien, mais contre le sentiment public, un pouvoir qu'on était aussi incapable d'exercer que de rendre profitable au pays. (Applaudissements unanimes.)

Il faut redire au pays, et surtout à ces conseillers municipaux qui vont choisir leurs délégués : Vous avez souffert, vous avez passé par des transes horribles, vous avez vu le spectre de la guerre civile à l'horizon ; vous avez entendu, tous les soirs, des bruits, des murmures de coups d'Etat ; vous avez tremblé pour la paix entre les citoyens. Vous vous rappelez toutes ces choses, et cependant toutes ces choses pourraient recommencer si on avait des élections sénatoriales mauvaises, si on avait une majorité incorrigible, si on redonnait la direction de cette majorité, par un accroissement sorti des élections prochaines, à ces politiques aussi présomptueux qu'impénitents, que leur parti pourra abandonner, mais qui, eux, n'abandonneront jamais leur importance, leur fatuité, l'aveuglement de leur conduite ni le désir de jouer leur rôle, parce qu'ils n'en ont pas d'autre à jouer. (Rires et bravos.)

Si donc vous voulez éviter ce retour et infliger à ces hommes la vraie peine politique, vous en avez le moyen : c'est, par le scrutin, de condamner à la fois leur politique et tous ceux qui l'ont soutenue. Voilà le véritable châtiment, la correction dont on ne revient pas, la vraie déchéance politique que des hommes politiques puissent infliger.

Je voudrais, Messieurs, que chacun de vous qui a été ou qui sera délégué ou électeur de délégué se dise bien que c'est de sa conduite, que c'est du vote qu'il émettra que sortira l'impossibilité pour le Sénat d'être un instrument de réaction et d'oppression. Il n'y aura plus d'ennemis mortels embusqués dans le Sénat pour tirer à l'abri sur les défenseurs de la Constitution républicaine, si les élections sénatoriales sont conformes à la volonté nettement exprimée du suffrage universel, si elles sont conformes à l'intérêt également bien entendu et de ceux qui se disent conservateurs et de ceux qui se disent libéraux ou républicains démocrates. Si l'on considère les choses au point de vue seulement de l'intérêt qu'a tout le monde à la stabilité, il faut voter pour des candidats qui soient fermement résolus à faire fonctionner la Constitution dans le sens républicain, dans un esprit véritablement démocratique ; et il faut exclure des listes sénatoriales tous ceux qui sont connus pour des ennemis incorrigibles de la République, tous ceux qui ont trempé dans cette conspiration à ciel ouvert du 24 Mai et du 16 Mai ; tous ceux qui, soit comme membres sortants du Sénat, soit au dehors, dans le pays, dans des réunions, des comices ou des journaux, ont été les soutiens de cette politique néfaste. Il faut se débarasser enfin d'hommes qui ont commis des actes dont il ont vraiment toute la responsabilité. Il faut qu'au premier degré d'élection, dans les Conseils municipaux, il y ait une véritable discussion des hommes et des choses.

Je sais bien qu'on a dit ceci : Vous voulez donc que la politique entre dans les Conseils municipaux ? Certainement, je le veux, et voici pourquoi. Puisque, en 1875, vous avez commis cette inégalité, puisque vous avez exécuté cette surprise de mettre sur la même ligne tous les Conseils municipaux de France, quels

que soient la population des communes et leur centre
d'action, subissez la loi que vous avez faite, et, ayant
introduit la politique partout, souffrez qu'on passe au
crible, dans ces Conseils municipaux, les hommes qui
se présenteront comme candidats au Sénat, qu'on leur
demande compte de leur passé, de leurs votes et qu'on
recherche, non pas ce qu'ils se proposent de faire
dans l'avenir, mais ce qu'ils ont fait dans le passé ;
car, dans l'élection capitale qui va avoir lieu pro-
chainement, il n'y a pas de meilleur criterium pour
distinguer le bon candidat que de rechercher dans sa
vie, dans son passé, quels ont été ses actes, ses inten-
tions, ses écrits. (Très-bien ! très-bien ! — Applaudissements prolongés.)

Je suis très-partisan, Messieurs, d'une politique de
concorde et de conciliation ; mais je ne peux pas supporter que, sous prétexte de concorde et de conciliation, il se glisse dans l'Etat républicain, dans les
fonctions républicaines, dans les Conseils électifs de
la nation, des hommes qui réclament la conciliation
pour eux et la refusent aux autres, des hommes qui
disent : Il faut que la République soit ouverte à ses ennemis, mais qui en chassent les républicains, et qui ne
permettent pas d'y entrer à ses véritables défenseurs,
à ceux qui ont lutté et souffert pour elle. Vous connaissez des exemples : il y en a dans toutes les carrières,

dans toutes les fonctions, dans toutes les branches des services publics, et, aujourd'hui encore, il est malheureusement trop vrai de dire qu'être républicain sous la République n'est ni un titre ni un mérite. (Vive adhésion et applaudissements répétés.)

Eh bien ! il faut que cet état de choses cesse, car c'est là le mal dont on souffre. Les élections sénatoriales ont cela d'excellent qu'elles touchent aux sommets de la politique, puisqu'elles mettent en question l'équilibre des pouvoirs, leur exercice et même la personne qui exercera le pouvoir suprême dans l'Etat, puisque ces élections exercent, à un certain moment, une sorte d'arbitrage sur la marche générale de la politique et sur les traditions de la Chambre des députés. Mais, d'un autre côté, ces élections nous imposent la tâche d'expliquer à nos amis des campagnes où sont l'influence et la puissance administratives et d'où vient que parfois ils se plaignent de n'être pas en bons termes avec tel ou tel fonctionnaire, qu'il appartienne à l'ordre judiciaire, administratif, aux finances, ou même à ce corps que je voudrais voir rendre à son véritable rôle de protection et de confiance ; — j'entends la gendarmerie qui, malheureusement, par suite d'abus qui datent de loin, d'instructions mal faites, de je ne sais quelles susceptibilités hiérarchiques mal dirigées, est devenue trop souvent une cause de zizanies au lieu d'être un corps d'agents d'ordre, de protection et de sécurité pour tous les citoyens sans distinction de classes ni d'opinions. (Vifs applaudissements.) Je pourrais en dire autant de tous les représentants, à un degré quelconque, de l'autorité. Je m'applaudis, je me suis toujours réjoui, et je ne suis pas prêt de m'en repentir, de voir qu'on a associé intimement le paysan français au fonctionnement d'une Constitution républicaine. J'ai été très-partisan de l'idée qui a fait que, dans le plus humble Conseil municipal de France, à de certaines époques, périodiquement, il serait question des intérêts les plus élevés de la République. L'examen de ces intérêts, le choix des hommes initient les conseillers municipaux à la politique et leur font sentir la dignité, la responsabilité dont ils sont investis, le poids dont ils pèsent dans les destinées de la patrie. Cette mission leur apprend, en même temps, à connaître les hommes qui sollicitent leurs suffrages et à comprendre la valeur de leur bulletin au jour du vote. Oui, je me suis applaudi de voir l'élément démocratique, l'élément rural, l'élément des petits propriétaires, de ceux qui peinent, qui suent, qui fécondent la terre, l'élément qui a besoin de travail, de protection, de sécurité et de véritable tranquilité, — je me suis applaudi de voir cet élément, par le fonctionnement même de la Constitution, être le maître de toutes ces choses s'il voulait faire des choix éclairés et indépendants. (Salve d'applaudissements et bravos.)

C'est pour cela que je ne laisserai jamais passer d'élections sénatoriales, pas plus les élections d'aujourd'hui que les élections à venir, tant que je serai là, sans essayer de consacrer toute l'ardeur de ma conviction à éclairer l'opinion (applaudissements), car je suis tout à fait certain que, le jour où chaque électeur sénatorial connaîtrait véritablement ses intérêts, ses devoirs et l'étendue de sa responsabilité, il n'y aurait pas de raison ni de bon sens contre la raison et le bon sens de la France démocratique, qui serait alors véritablement maîtresse de ses destinées ; et le jour approche où la démocratie par excellence, la démocratie rurale, ne se trompera plus sur le choix des hommes.

Ce qui l'égare et la déroute, c'est qu'on sème derrière elle des bruits inquiétants sur telle ou telle conviction ou telle ou telle réputation, c'est qu'on cherche à la circonvenir ; on emploie la calomnie et on dit à ces démocrates ruraux : Prenez garde ! la République, c'est le désordre ; elle passera dans les mains des plus extrêmes, et nous roulerons jusqu'au fond de l'abîme. Vous avez entendu ces prophètes de malheur. Leurs gémissements vous sont connus.

(Rires.) Ils ne rencontrent plus que des incrédules, et les prophètes mêmes commencent à s'essouffler. (Hilarité générale.) Ils cherchent des raisons et ne trouvent que des phrases ; leur rhétorique ampoulée est celle de l'Eglise, qui les inspire et dont elle est aujourd'hui véritablement l'apanage. (Salve d'applaudissements.)

Autrefois on disait à ce paysan que la République c'était le partage, qu'elle menaçait les propriétaires, qu'elle menaçait la famille. On a renoncé, depuis tantôt dix ans, à répéter ces mensonges et ces calomnies. On a senti le ridicule qu'il y avait, dans un pays qui compte 24 millions de petits propriétaires, à dire que la propriété pouvait être mise en péril par un parti qui avait le souci de la grandeur de la France et de l'ordre. On veut bien aujourd'hui nous faire grâce de ces phrases sur la propriété. On reconnaît que c'est un thème usé.

Quant aux déclamations sur la famille, elles ont fait aussi leur temps et, franchement, s'il fallait défendre la famille, la lecture des bulletins des tribunaux est trop instructive pour que j'insiste. Je ne rechercherai donc pas de quel côté sont ceux qui attaquent la famille. (Très-bien ! très-bien ! — Applaudissements et bravos prolongés.)

Il reste la religion. C'est le dernier thème, mais,

comme il doit remplacer les deux autres devenus ridicules et impuissants, on use et on abuse de celui-ci. (Rires.) Ainsi il n'est question que de persécutions et de martyrs. L'Eglise, le clergé, le parti clérical se voient revenus au temps de Dioclétien ; les bêtes, les lions attendent dans le cirque. (Hilarité générale.) Et ce qu'il y a de bizarre, c'est que ces affolements, ces plaintes, ces gémissements coïncident avec les entreprises les plus audacieuses, avec les résistances les plus illégales, avec les usurpations les plus contraires à tout notre droit français et telles qu'on n'en a jamais vu dans notre pays. De sorte que ceux-là mêmes qui crient au martyre en sont arrivés à pouvoir mettre sous leurs pieds des lois qui sont muettes et que personne, parmi ceux qui sont chargés de les faire respecter, ne vient rappeler à ces intempérants, qui ne seraient que les pires des comédiens s'ils ne troublaient profondément les consciences. (Double salve d'applaudissements et acclamations.)

Je n'ai pas à vous faire toucher du doigt la grossièreté de ce sophisme qui consiste à confondre la religion, la liberté de conscience, le droit de penser et de pratiquer, avec les intérêts et l'esprit de domination d'une caste, d'une secte qui couvre d'un nom respecté dans toutes les sociétés civilisées les complots et les machinations les plus oppressives, la conduite la plus condamnable.

Non, la religion n'est pas en péril, ni la liberté de conscience ; et si, d'un certain côté, on réclame le droit de libre propagande, si, dans des établissements de l'Etat, on se permet d'arborer, en face de la France de 89, le drapeau de la contre-révolution, si cette conduite est licite et permise de ce côté-là, on ne peut pas dire que, de l'autre côté, on obtienne la même tolérance et la réciprocité. (Marques unanimes d'adhésion. — Applaudissements.)

Je ne me plains pas, d'ailleurs, de ce que nous ayons pu assister à des actes qui réveilleront certains indifférents, lesquels ne croient pas assez à cette gangrène, à ce péril clérical. (Explosion d'applaudissements et acclamations prolongées.) Ces actes ramèneront forcément l'attention des hommes publics vers la solution de questions instantes, ils mettront l'opinion dans l'obligation de choisir, et alors un juste départ se fera vite entre les partisans d'une religion nationale dont les ministres se renferment dans le cercle rigide de leurs attributions, entre ceux qui respectent les hommes voués à l'exercice d'un culte mais n'en sortant pas, se bornant à leur mission spirituelle et cessant de pousser à la violence par des prédications que tout le monde connaît et que personne ne punit... (Salve d'applaudissements.) Le départ, dis-je, se fera vite entre les partisans de ces hommes de paix et les partisans de ceux qui ne craignent pas de transformer ce qui devrait être la chaire d'apaisement en une tribune, d'où ils déversent, sans responsabilité pour eux, l'injure, la calomnie et l'outrage sur des hommes qui ont l'adhésion de leurs concitoyens. Qu'on ne crie donc plus à la persécution ! Que tout rentre dans le droit, et, quand nous aurons obtenu le respect d'une législation qui n'est pas à faire, qui existe, nous constaterons bien vite ce que valent et ce que cachent les déclamations de ce parti qui, bien qu'il multiplie ses manifestations hypocrites, n'en est pas moins un parti anti-français, car il poursuit toujours le même plan et son mot d'ordre, qu'il ne prend pas chez nous, n'a pas changé : il nous hait et il ne sert que des desseins qui nous sont hostiles. (Longs applaudissements et bravos prolongés.)

Il faut donc répéter à l'électeur sénatorial de nos campagnes que ceux-là sont véritablement des artisans de mensonge, qui disent que la République, que les pouvoirs républicains sont les ennemis de la religion ; mais il faut lui demander s'il entend être le maître chez lui, dans sa commune, dans son école, dans son chemin vicinal, dans le choix des hommes qui représenteront ses opinions, ses intérêts ; s'il entend que les agents de l'État le respectent et le protègent, ou s'il veut de la tutelle de la sacristie au lieu d'avoir sa part de gouvernement et de souveraineté dans la commune. Oh ! alors vous verrez que cet électeur saura parfaitement faire la distinction entre la religion respectée et respectacle et ceux de ses ministres qui la compromettent et l'engagent dans des complicités où elle ne peut évidemment que perdre de son prestige et, peut être, de son influence sur les esprits. (Approbation générale et applaudissements.)

Et pourquoi est-il vraiment si nécessaire de concentrer, pendant quelques semaines, l'attention des Conseils municipaux de France sur ce choix des électeurs sénatoriaux et des sénateurs eux-mêmes ? Je veux m'en expliquer très-librement.

J'y trouve, Messieurs, un double intérêt : d'abord l'intérêt que j'ai indiqué tout à l'heure, celui du bon fonctionnement de la Constitution républicaine, de l'ordre et de la paix ; mais j'en trouve un autre ; c'est que je suis pénétré — et ici je vous apporte un avis qui est le résultat d'une expérience accomplie sous nos yeux — de la nécessité d'un Sénat républicain. Je suis convaincu que, dans une démocratie comme la nôtre, si riche mais si ardente, si étendue, si complexe, avec des aspects et des traits si nets, soumise à des conditions, à des milieux si variables, il est nécessaire d'avoir un Sénat républicain qui apporte, dans le fonctionnement des pouvoirs publics, un esprit de tradition et l'autorité de l'expérience dans les matières d'Etat ; un Sénat républicain qui soit une école de gouvernement, un Sénat, en un mot, qui soit l'ami, le conseil et le contrôle de la Chambre des députés. J'entends bien que si c'est un Sénat à tendances factieuses, gouverné par des monarchistes incorrigibles, par des aristocrates, par des petits-maîtres dont la fatuité est sans bornes, par des hommes qui font la théorie d'un Sénat institué uniquement pour contrarier la Chambre des députés, pour entrer en conflit avec elle — dans ces conditions, le Sénat aura le sort de tous les obstacles : il disparaîtra un jour ou l'autre devant la force supérieure du suffrage universel. (Vive approbation. — Applaudissements.)

Si ceux qui, parmi nos adversaires, prétendent avoir conservé quelques lueurs de libéralisme et de sagesse politique, avaient bien compris leurs intérêts, se fussent-ils jamais associés à cette politique de conflits et de discordes sans autre résultat possible qu'une impopularité qui devait rejaillir sur l'institution du Sénat ? Est-il vrai que, s'ils avaient été vraiment dignes du nom de conservateurs qu'ils s'arrogent, comme tant d'autres, sans le mériter, ils auraient dû suivre une conduite opposée à celle qu'ils ont tenue quand on leur a demandé le vote de lois réactionnaires ou le refus de lois votées par la Chambre des

députés dans un esprit de justice ? Auraient-ils
dû accepter une politique aussi ouvertement révolu-
tionnaire que celle qui a inspiré le vote de la
dissolution ?

Est-il vrai qu'il auraient dû résister à cette politique dans l'intérêt d'une conception qu'ils invoquent
et au monopole de laquelle ils prétendent depuis trois
quarts de siècle : la constitution d'un régime politique avec deux Chambres ? Mais les uns, par haine
de la démocratie, ont voté la dissolution sans scrupules,
les autres par septicisme, et, enfin, une troisième
catégorie a voté la mort dans l'âme. (Rires.)

Eh bien, ce que je redoute, non pas dans l'intérêt
de ces beaux esprits qui nous font si pédantesquement
la leçon et savent si peu se conduire eux-mêmes, mais
dans l'intérêt de mon pays et de la cause que nous
servons ensemble, c'est précisément qu'à force de
dénaturer le rôle du Sénat, c'est qu'à force de subs-
tituer l'idée de conflit à l'idée de contrôle, on ait
accumulé contre l'institution une série de préjugés,
d'animosités qui, dépassant la mesure à un jour
donné, pourraient l'emporter et amener une faute tôt
ou tard.

Car, Messieurs, il faut se mettre en face de l'avenir
et bien se dire que les institutions valent, non pas les
prescriptions qu'on dépose dans les constitutions, non

pas les préambules plus ou moins magnifiques dont on les fait précéder, mais par la manière dont on les entend, dont on les pratique et les fait fonctionner. Je ne connais pas beaucoup d'institutions, même médiocres dans l'esprit de ceux qui les ont créées, qui ne puissent devenir, sous la main d'un parti avisé, d'une démocratie puissante et réglée, de volonté persistante et souple, des armes de protection pour le parti républicain, alors qu'on croyait avoir forgé contre lui peut-être des armes mortelles. (Vive adhésion. — Applaudissements.)

Voyez combien de lois l'Assemblée nationale, cette Assemblée introuvable que nous ne reverrons pas, je l'espère... (Rires approbatifs) avait accumulées contre le parti républicain. Voyez ce qu'elle pensait avoir tiré de la loi municipale, de la loi sur les Conseils généraux, du scrutin d'arrondissement et de l'institution du Sénat lui-même. Voyez comme, sous la force réglée du suffrage universel, sous l'influence d'une politique à la fois hardie et contenue, tout cela s'est transformé et est devenu, au service de la démocratie, autant d'instruments de victoire contre vos adversaires. Car avec quoi les avez-vous battus? Avec les armes forgées par eux-mêmes. (Salve d'applaudissements.)

Eh bien, je voudrais que ce Sénat, institué dans

une pensée de réaction contre le suffrage universel, contre la volonté nationale, dans une pensée de restriction des pouvoirs législatif et exécutif — je voudrais que ce Sénat se transformât par la seule pénétration de l'esprit démocratique et qu'il devînt, d'une façon permanente et pour ainsi dire perpétuelle, la véritable citadelle de la République, dans laquelle on placerait ses défenseurs les plus énergiques, ses capacités les plus éprouvées, ses renommées les plus certaines, de façon qu'on s'inclinât devant le Sénat de la République comme on le faisait devant le Sénat de Rome. (Longs applaudissements.)

Je dis que cette institution ainsi comprise est nécessaire dans une démocratie et surtout dans une démocratie qui veut être progressive. Ah ! Messieurs, si nous n'avions combattu que pour établir une forme de gouvernement, la forme républicaine, notre rôle serait fini, car ce gouvernement va être définitivement fondé. Le 5 janvier prochain, nous aurons doublé le cap et franchi le chenal qui nous sépare encore de l'océan pacifique de la République. Après cette date, nous pourrions replier les voiles et rentrer chez nous. Mais nous n'avons pas seulement voulu fonder une forme de gouvernement. Nous voulons que, sous l'égide de la République, les capacités de tous les citoyens puissent librement se développer. Et ce n'est certainement pas à Grenoble, où j'ai constaté l'avénement des nouvelles couches sociales, que je pourrais dire que notre tâche est terminée. Elle ne le sera jamais. Après une première couche, une seconde viendra, puis d'autres, car maintenant le travail des peuples consiste à attirer, à faire monter sans cesse ceux qui sont en bas vers la lumière, le bien-être et la moralité. (Salve d'applaudissements et bravos prolongés.)

Et c'est précisément parce que vous vous êtes fait à vous-mêmes, démocratie française, un horizon sans limites de progrès indéfini, parce que vous avez livré à la curiosité et aux efforts de tous la solution de tous les problèmes, c'est précisément parce que vous appelez le concours de toutes les énergies et que vous réclamez la collaboration de toutes les capacités, c'est parce que vous attisez dans tous les cœurs cette légitime passion sociale, qu'il faut, au centre de la République, un pouvoir modéré, sage, pondéré, épris de la République, mais ne s'inspirant que de la réalité et des circonstances qui doivent entourer la réalisation, à heure dite, de tel ou tel projet. Il ne faut pas que ce Sénat soit un obstacle, un mur contre lequel les flots de la République viennent battre. Non ! cela ne préparerait que désastres et écroulements. Il faut que ce soit un guide sympathique, éclairé, sur lequel la France pourra s'appuyer avec confiance puisqu'il sera sorti de ses entrailles, du choix de toutes les communes de France. (Bravos prolongés.)

Je ne retire pas la parole que j'ai prononcée le jour où je me suis expliqué sur le Sénat. Je ne parlais pas de l'essai de Sénat oligarchique qu'on tentait de constituer; j'annonçais ce qui sera une vérité plus tard, à savoir que lorsqu'on aura véritablemennt rendu au Sénat sa figure nécessaire, son rôle permanent, ses fonctions légitimes, lorsqu'on y aura fait pénétrer l'esprit démocratique, lorsqu'on l'aura constitué, épuré, renouvelé pour donner la vie à ce pouvoir constitutionnel, il sera bien réellement, de par son origine, le grand Conseil des communes de France. (Vifs applaudissements.)

Eh bien, il dépend des 15,000 électeurs sénatoriaux de nous rapprocher de ce but. Il dépend d'eux, en choisissant avec recueillement, en analysant avec sollicitude, en scrutant avec impartialité les titres de ceux qui viendront solliciter leurs suffrages, il dépend de ces 15,000 électeurs de nous donner à la fois la stabilité immédiate, la sécurité de l'avenir, les moyens de développer encore nos ressources, la possibilité de résoudre de grandes questions et de créer au sein de la République un point fixe autour duquel tout sera mouvement et progrès.

Cette adjuration que j'adresse à ceux d'entre vous, Messieurs, qui sont appelés à exercer ce mandat, je l'adresse en même temps à ceux de nos amis qui, sur d'autres points du territoire, sont appelés aussi à déposer leurs bulletins dans l'urne, mais je ne dirais pas toute ma pensée si je n'ajoutais quelles sont nos espérances, nos certitudes, et aussi pourquoi j'attache un si grand prix à ce qu'ils multiplient leurs efforts pour garantir le succès.

En effet, Messieurs, vous savez que j'ai la mauvaise habitude, avant l'ouverture des périodes électorales, d'annoncer quels doivent en être les résultats probables. (Rires d'approbation.) Il m'est arrivé assez souvent de dire juste. Une certaine fois cependant, je me suis trompé, mais il s'est trouvé entre les électeurs et moi bien des mains interposées qui avaient certainement aidé mes contradicteurs à diminuer le résultat que j'avais annoncé. (Hilarité générale et applaudissements.)

Cela a bien paru le jour où ce même suffrage universel, où ces mêmes électeurs, consultés à nouveau dans les mêmes circonscriptions, à peine débarrassées d'ailleurs des fonctionnaires qui avaient procédé aux précédentes élections, ont rendu un verdict tout à fait décisif dans le sens des prédictions, des révélations que nous avions faites.

Quelle est l'origine de ces révélations ? Elles pro-
nnent simplement d'études, de statistiques bien
tes, exemptes autant que possible de chances d'er-
r, d'un travail soutenu. Et quand nous disons au-
rd'hui, par exemple, que sur 84 élections sénato-
les à faire, nous espérons avoir 20 voix de majorité,
as faisons une supposition, mais j'espère bien qu'elle
sera pas démentie par l'événement. Je dis donc dès
présent que nous avons une majorité. La question
droit et de fond sera vidée après le 5 janvier, et,
ette date, il faudra que l'ancienne majorité sénato-
le choisisse : elle devra abandonner les guides im-
issants qui l'ont conduite à l'erreur et au désastre,
bien persévérer dans une attitude aussi contraire
x intérêts conservateurs qu'à ceux de la France
e-même. (Applaudissements prolongés.)
J'espère que le plus grand nombre d'entre eux, com-
enant que toute résistance est inutile contre le vœu
pays et qu'il n'y a plus à espérer le retour de l'un
s divers régimes monarchiques, comprenant encore
e, la France ayant fait son choix, personne ne peut
oir la prétention d'avoir raison contre elle, voudront
n incliner leur volonté devant la volonté du pays
accepter sa décision en bons citoyens et en bons
ançais.
Mais j'estime qu'on les amènerait bien plus facile-

ment à cette adhésion si, au lieu d'avoir une majorité sénatoriale de vingt voix, nous avions une majorité supérieure.

J'adjure les divers délégués sénatoriaux d'obtenir une majorité plus forte que celle que j'ai dite et qui n'est qu'une hypothèse. Il y a toujours à faire un effort supérieur à celui qu'on a fait, et c'est le lendemain de la victoire ou de la défaite qu'on s'en aperçoit et qu'on le regrette. Je sais tel département qui, aux dernières élections, l'eût emporté si l'on eût été plus sage, plus habile, plus discipliné, plus uni, si l'on avait subordonné les questions de personnes et de clocher — car il y a aussi des rivalités de commune à commune et de ville à ville — à la question de savoir quel était le candidat républicain qui offrait le plus de chances de succès. Car, dans une élection, quand on a examiné les candidatures, quand on les a critiquées lorsque l'heure de l'action sonne, il faut n'avoir pas le sentiment des intérêts de la nation pour ne pas se rallier tous sur le choix qui a été fait et pour ne pas accepter la loi de la majorité. (Applaudissements prolongés.) J'ai bon espoir que cette conduite sera suivie, car le passé, et un passé des plus récents, nous est un gage de cet esprit croissant de concorde, de sagesse, de modération et de fermeté tout ensemble qui anime les grandes masses du pays, et qui fait que nos adversaires confondus, que les étrangers émerveillés, disent : Quelle France nouvelle nous a donc faite la République ? N'est-il donc pas prodigieux de voir un pays autrefois si mobile, si léger, si capricieux, si agité, après être tombé sous les coups de la fortune, être devenu si modeste, si sage, si modéré, si réglé, et en même temps le plus moral, entendez-le bien, et le moins troublé de tous les pays qui occupent aujourd'hui l'attention des hommes ! Oui, c'est prodigieux. Et pourquoi la République, même tourmentée, que les nécessités ont imposée à nos adversaires, pourquoi cette République, née au milieu des douleurs de la patrie mutilée, n'aurait-elle pas le bénéfice, aux yeux mêmes de ceux qui ne pensent pas comme nous, des sympathies de tous à l'intérieur et de l'estime et du respect qu'à l'extérieur elle a su attirer de nouveau sur la France ? (Double salve d'applaudissements.)

Ah ! Messieurs, on a quelque droit de dire et de répéter au pays qui a si courageusement porté le lourd fardeau dont on a chargé ses épaules, on a le devoir de répéter bien haut qu'il est désormais en possession de lui-même et qu'il a, sinon rétabli son ancienne grandeur, au moins regagné, avec la direction de lui-même, l'estime et le respect des autres ; que ce respect reposera désormais sur les sacrifices communs de tous les Français ; qu'ayant introduit l'égalité, cette passion française, dans le plus précieux, le plus nécessaire, le plus glorieux des services publics, le service militaire, il n'y a véritablement aucune espèce de raison pour en retarder la manifestation et le triomphe dans tous les ordres, dans toutes les branches de l'activité nationale. (Salve d'applaudisements.) C'est cet esprit d'égalité, de démocratie, qui assure la sécurité nationale, qui fait notre armée, et qui fait que la France, consciente de son droit, respectueuse de toutes les nécessités, ayant abdiqué l'esprit de vanité et d'agression, sûre d'elle-même et de sa politique, puisqu'elle la dirige toute seule, confiante dans ses enfants, tous placés sous le même drapeau, peut se livrer au travail, à la production, à la moralisation et donner à pleines mains l'éducation à tous ses enfants, et préparer cette ère — à nos successeurs de pousser le char plus loin ! — cette ère à laquelle nous aspirons, cette ère où la République, assurée de toutes les libertés, laissera à chacun le soin de diriger ses intérêts et de chercher le bonheur dans la responsabilité de ses actes. (Longs applaudissements et bravos répétés.)

Mes amis, ce que je viens de vous dire, je vous demande de le commenter, de le répéter autour de vous, de vous en aller, compagnons et coopérateurs de ma pensée, à travers vos montagnes, la propager.

Car, quoi qu'on ait dit, nous ne recherchons rien, rien que le triomphe de nos principes par la persuasion, nous n'attendons rien dans tous les ordres que de la puissance de la raison. Nous ne voulons rien que par la loi, œuvre de la majorité; nous sommes désormais tranquilles sur l'avenir de la République que nous avons élevée, et enfin soustraite à la direction de ses ennemis. C'est que, fondée pour la première fois sur l'adhésion des petits et des moyens, ayant ses racines dans le sol, n'étant pas un édifice improvisé qui surgit tout à coup dans la tempête et dont on n'aperçoit que les lignes de faîte au milieu de l'orage, elle sera au contraire une construction lentement et patiemment édifiée, dont les fondements reposent sur toute la surface de notre territoire et qui sera assez grande, je le jure, pour contenir, comme dans un temple national, tous ceux qui sont vraiment dignes d'être les enfants de la France. (Triple salve d'applaudissements. — Acclamations prolongées et cris répétés de : Vive la République ! Vive Gambetta !)

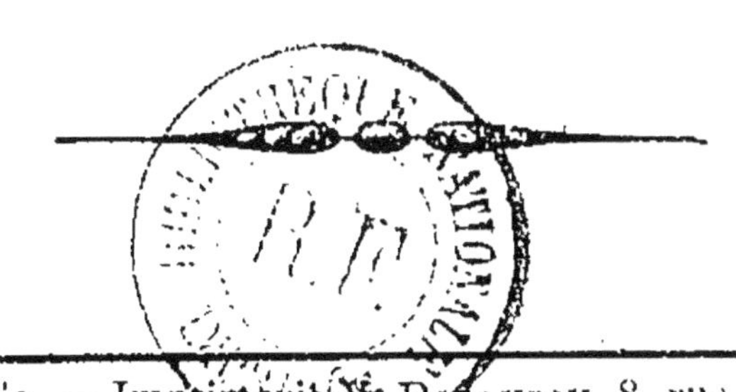

Grenoble. — Imprimerie V⁰ Rigaudin, 8, rue Servan.

DEUX
GRANDES ŒUVRES

« La politique, c'est la conservation du
» pays auquel on appartient. »

BORDEAUX
TYPOGRAPHIE & LITHOGRAPHIE G. CHARIOL
Cours du Chapeau-Rouge, 28.
—
1871

DEUX GRANDES ŒUVRES

« La politique, c'est la conservation du
» pays auquel on appartient. »

La popularité qui entoure le nom de M. Thiers, à
l'heure actuelle, semble rendre superflue toute étude ayant
pour objet l'appréciation des titres que possède cet homme
illustre à la confiance publique. Toutefois, il serait à désirer
que les personnes qui ont du loisir se rendissent un compte
exact de ce qu'a accompli M. Thiers en deux occasions diverses et, à un quart de siècle d'intervalle, pour la conservation de notre pays.

Une première fois, en faisant voter la loi des fortifications
de Paris, et, vingt-cinq années plus tard, en combattant,
avec une persévérance que le découragement qui le gagnait
visiblement après Sadowa ne diminua pas, le système de politique extérieure commun au gouvernement impérial et au
côté gauche du Corps législatif, politique dont le but a été
atteint par la reconstitution de l'Italie, mais qui, en même
temps, a ruiné la France.

Il serait plus qu'inutile de chercher à faire ressortir le mérite qu'il y a eu à fortifier Paris, aujourd'hui que Paris vient d'arrêter l'ennemi pendant quatre mois et demi, et de donner tout ce temps à la France pour réorganiser sa défense; et on peut dire maintenant, sans risquer de trouver un seul contradicteur, que celui qui, il y a trente années, eut l'initiative de ce patriotique projet et le fit adopter en luttant contre une opposition et des répugnances violentes, avait dès lors donné à sa patrie tout ce qui, ici-bas, peut être donné.

Une erreur de M. Thiers, dans l'appréciation des sentiments de l'Europe, à l'égard de la France, amena, à propos de la question d'Orient, la coalition de 1840. Mais il faut, pour être juste, dire qu'à l'entrée de M. Thiers au ministère, la complication existait, et qu'elle était hérissée de difficultés presque inextricables qu'il fallait néanmoins résoudre. Et on s'explique facilement la méprise qu'il commit par l'idée qu'il pouvait avoir de trouver l'Europe moins malveillante qu'elle ne l'a été pour la France, au sujet d'une question d'influence en Orient, lorsqu'elle avait été si accommodante pour le démembrement du royaume des Pays-Bas, entreprise dans laquelle le gouvernement de 1830 avait agi avec une audace qui touchait à la témérité.

En résumé, cette complication n'a amené aucun résultat fâcheux, et, même, elle eut cet avantage d'éclairer le gouvernement sur la véritable situation de la France en Europe. Et de plus, comme c'est à elle que nous devons les fortifications de Paris, elle laisse cette impression qu'il est à regretter que les fautes commises depuis n'aient pas eu de semblables réparations.

A la coalition, M. Thiers, qui avait jusqu'alors été l'âme de toutes les tentatives faites pour obtenir que Paris fût fortifié, répondit en faisant ordonnancer par le roi, en l'absence des Chambres, un crédit destiné aux fortifications, et il les fit commencer immédiatement. De sorte que lorsque le maréchal Soult et M. Guizot, le 29 octobre 1840, lui succédèrent au ministère, ils trouvèrent cette entreprise si engagée qu'il leur fut impossible de ne pas y donner suite sans s'exposer à avoir l'air de reculer devant l'Europe.

Bien que considéré par le ministère et la majorité comme leur plus dangereux adversaire, M. Thiers fut nommé rapporteur du projet de loi, et la discussion qui eut lieu, à ce sujet, tant à la Chambre des députés qu'à la Chambre des pairs, établit, d'une façon indiscutable, que, de tous ceux qui par position étaient obligés à défendre la loi, M. Thiers seul la défendit de manière qu'elle ne succombât pas.

Elle fut attaquée par toutes les fractions de la Chambre des députés. D'abord, par tous les légitimistes, à l'exception toutefois du grand Berryer dont le silence éloquent et patriotique produisit une profonde sensation ; puis par plusieurs membres de la majorité. M. de Lamartine en demanda le rejet, en s'appuyant, surtout, sur deux raisons : l'une, que les fortifications pourraient devenir un instrument d'oppression entre les mains des factions démagogiques qui s'en rendraient maîtresses; l'autre, que Paris ne se défendrait pas lors même qu'il serait fortifié. Et il alla jusqu'à dire que M. Thiers aurait dû être mis en accusation pour avoir fait commencer les fortifications avant que les Chambres en eussent voté l'autorisation. A ce contempteur du courage de la nation, M. Thiers fit cette fière réponse que c'étaient des prétextes de gens décidés à ne pas se défendre, et que

Paris se défendrait lors même que la France ne voudrait pas qu'il se défendît.

La gauche repoussa le projet de loi, par l'organe de ses deux hommes les plus remarquables, MM. Garnier-Pagès aîné et François Arago : le premier, parce qu'il croyait les fortifications inutiles à la défense et menaçantes pour la liberté ; le second, en admettant l'utilité de l'enceinte seule, et en repoussant celle des forts qui, disait-il, pourraient donner à un gouvernement impopulaire le moyen d'affamer Paris, dans le cas où une révolution nécessaire éclaterait en France.

Le général Schneider présenta un amendement dénaturant le projet de loi, et qui, par cela même, fut appuyé par tous ceux qui ne voulant des fortifications, sous aucune forme que ce fût, espéraient faire rejeter la loi si la modification proposée était adoptée. Cet amendement consistait à supprimer l'enceinte et à construire tous les forts à une distance égale du centre de Paris, ce qui faisait perdre à plusieurs d'entre eux le mérite d'être placés sur des points élévés et les rapprochait généralement davantage de la ville qu'en les érigeant sur les hauteurs.

Le ministère défendit la loi avec mollesse et incomplètement, et il déclara qu'il ne faisait pas de l'adoption de cette loi, l'une des plus considérables qu'un gouvernement ait présentées à des Assemblées, une condition de sa propre existence.

M. Guizot, ministre des affaires étrangères, déclara que, n'entendant rien aux choses de la guerre, il ne se prononcerait pas en faveur de l'un ou de l'autre système, et cela, lorsqu'il savait que le rejet du système proposé par la commission était considéré comme devant entraîner l'abandon de l'entreprise elle-même : C'est que l'honorable M. Guizot, homme de paix s'il en fut jamais, craignait, par-dessus tout, que la coalition ne considérât la détermination de fortifier Paris comme une préparation de la France à la guerre, et que les fortifications ne nous attirassent la guerre avant de pouvoir contribuer à notre défense.

Mais ce qui prouva le plus l'hostilité secrète du ministère contre le projet de loi, ce fut que le maréchal Soult, ministre de la guerre, homme de guerre par excellence, et qui, en 1830, avait essayé de fortifier Paris, parla dans le même sens que M. Guizot, au sujet du système à choisir, et laissa à la Chambre le soin de se décider entre le projet de la commission et l'amendement Schneider, se déclarant lui-même trop insuffisamment renseigné pour avoir un avis à cet égard.

Le salut de la loi fut donc entièrement dévolu au patriotisme et au talent du rapporteur qui, aidé principalement par quelques hommes spéciaux dans cette matière, fit triompher le projet tel qu'il était présenté, en assumant sur lui, devant la France et l'Europe, les avantages et les périls de cette œuvre.

N'omettons pas de dire que l'honorable M. Glaïs-Bizoin défendit la loi dans son intégralité, en très-peu de mots, tout en proposant un amendement qui avait pour but de rendre nécessaire l'autorisation de la Chambre, s'il y avait des changements à apporter plus tard dans l'exécution des plans primitifs.

Ceux qui voudront savoir à quelle puissance peut s'élever un grand esprit enflammé par la défense d'une entreprise patriotique, liront le rapport de M. Thiers, et les répliques qu'il fit aux discours de M. de Lamartine, Garnier-Pagès et du général Schneider ; et, bien que près de quarante colonnes du *Moniteur* en soient remplies, et que, dans beaucoup de passages, le chiffre reliant les raisons rende l'argument aussi compacte et aussi résistant que les murailles qui ont depuis été édifiées sur lui, ils n'ont à craindre d'en éprouver aucune fatigue ni aucun désappointement.

Le point de départ a la simplicité de tout ce qui est vrai : il faut qu'une nation se défende, et la France ayant succombé deux fois après la prise de Paris, devait être défendue à Paris ; et, puisque, pour défendre Paris, il fallait le fortifier, on devait le fortifier le mieux possible. C'est pour cela qu'il était utile d'ajouter à des forts une enceinte pouvant résister après leur prise, chose possible avec l'artillerie de siége connue en 1840, et donner à une armée quelques jours de plus pour secourir la place.

Il faut, disait-il, faire de la prise de Paris « une impossibilité relative, » expression qui dépeint cet esprit admirable, tout fait de bon sens, cherchant le possible et qui sachant dès lors ce que, pour son malheur, la France ne sait qu'aujourd'hui qu'en fait de malheur tout est possible, travaillait à créer à sa patrie une défense suprême pour le jour du grand danger, aux dépens de la quiétude complète d'une époque dont la sécurité n'était pas réellement menacée.

Ce rapport et ces discours dont les mérites n'ont probablement jamais été dépassés et qui suffiraient à illustrer celui qui aurait été le rapporteur de la loi et non l'auteur du projet lui-même, doivent être lus par tous ceux qui veulent ne pas rester étrangers aux grandes œuvres de notre temps. Ils n'y trouveront que des raisons de premier ordre, et, bien que beaucoup d'entre elles aient été produites au courant de l'improvisation et qu'elles soient pour la plupart empreintes d'une amère ironie dirigée contre les hommes qui faisaient obstacle à cette entreprise patriotique, elles sont toutes d'une justesse et d'une vérité extraordinaires. On dirait des épées que l'on a fait plier pour en essayer la trempe avant le combat, ou une armée composée uniquement de troupes d'élite et inaccessible à toute surprise.

Cet homme est allé dans cette circonstance solennelle jusqu'à l'extrême limite assignée aux facultés humaines, en mettant au service d'une des plus grandes preuves d'affection qui aient été données à une nation, la plus complète expression d'un talent qui fut toujours hors ligne. Ce fut comme deux explosions simultanées qui se confondent en une seule.

Peut-être entrevoyait-il, dès lors, que les idéologues conduiraient la France à sa ruine, ou savait-il que, ce moment passé, cette œuvre ne serait plus possible. Et, en effet, si l'on se rend compte de l'antipathie que M. Guizot, qui a gouverné la France, de 1840 à 1848, portait aux choses de la guerre, et du peu de place qu'ont occupé les affaires extérieures dans les préoccupations du gouvernement issu de la Révolution de Février; si l'on a égard à la folle confiance que Napoléon III avait dans sa force, on est amené à cette conclusion que, passé 1840, les fortifications de Paris, si elles n'avaient été commencées, n'auraient pas attiré sur elles l'attention des gouvernements et de l'opinion publique jusqu'à ce jour.

Il y a donc, entre M. Thiers et cette œuvre, cette assimilation extraordinaire et peut-être unique dans l'histoire, que cet homme a fait seul et pouvait seul faire cette œuvre, et, en étudiant les documents officiels relatifs à cette grande entreprise, on voit tellement l'homme dans l'œuvre et l'œuvre dans l'homme, que l'un et l'autre se confondent ensemble.

L'orsqu'en 1864, M. Thiers entra au Corps législatif, honoré d'une manifestation unique dans son genre, que fit le gouvernement impérial contre son élection, le système de politique extérieure qui nous a précipités dans l'abîme était au plus fort de ses théories et de ses agissements. L'Italie, à peu près faite, réclamait incessamment au gouvernement impérial, qui les lui avait promis et qui ne savait comment lui abandonner l'un et lui procurer l'autre, les États de Rome et de la Vénitie, et l'opposition, venant en aide à l'Italie, harcelait sans relâche le gouvernement pour qu'il la mît en possession de l'un et de l'autre de ces États.

Et en même temps que l'opposition ouvrait, d'accord, en cela, avec le gouvernement, la voie des conquêtes à toutes les nations avides d'agrandissement, en travaillant à détruire les traités qui avaient donné quarante années de paix à l'Europe, elle essayait, sans relâche, de décider le Pouvoir et le Corps législatif à réduire l'armée, à la transformer et à diminuer les budgets de la guerre, s'appuyant pour justifier l'opportunité de ces changements sur la douceur des mœurs l'apaisement des haines internationales, la facilité des communications, la solidarité des intérêts ; et elle avait à peu près réussi à faire accepter à l'opinion publique cette idée que les précautions et les armements étaient devenus inutiles, l'ère de la fraternité universelle étant enfin arrivée.

Il ne faudrait cependant pas en vouloir trop aux hommes de la gauche de leur conduite à cet égard, car on doit leur tenir compte de ce qu'étant des avocats plutôt que des hommes d'État, ils se conformaient aux habitudes de leur profession, en défendant, sans en avoir peut-être examiné tous les aspects, la thèse de l'émancipation des peuples, thèse trouvée par eux dans le dossier qu'ils avaient reçu du parti qui s'intitule la démocratie, et qui, soit dit en passant, ne pourra conserver cette dénomination s'il cesse de professer le plus religieux respect pour l'expression complètement libre du suffrage universel, ainsi qu'il semble depuis ces derniers temps.

Mais lorsque M. Thiers eut traité la question italienne, la lumière se fit avec une telle intensité qu'il fut à peu près impossible de ne pas voir qu'on ne pouvait compléter l'Italie sans compromettre la France.

Ce fut le 13 avril 1865 que la France et le monde entendirent prophétiser, pour la première fois, les malheurs qui nous accablent.

Toutefois, l'opinion de M. Thiers sur la question italienne était déjà connue, car il l'avait exprimée dès le commencement de la guerre de 1859 à un personnage touchant de très-près à Napoléon III. L'armée française, avait-il dit, ira bien jusqu'a Vérone, mais elle trouvera là deux choses pour l'arrêter : des ouvrages qui étaient forts il y a un demi-siècle et qui ont été renforcés constamment depuis, et derrière ces ouvrages, la Confédération germanique, de sorte qu'il faudra laisser l'entreprise inachevée et qu'il y aura à ajouter aux dangers de l'entreprise elle-même « ceux qui naîtront de son inachèvement. »

Le 13 avril 1865, à propos d'un amendement relatif à Rome, ayant dit qu'en fait de politique extérieure, il n'y en a pas qui soit vieille, parce que les nations ont l'intérêt

qu'elles ont toujours eu à ce que leurs voisins ne soient
pas trop puissants, puisque, si puissant qu'un peuple soit,
il lui reste toujours des ambitions à satisfaire, et qu'il
trouve des moyens de satisfaire ses ambitions futures dans
la réalisation de ses ambitions présentes ; ayant ajouté
qu'il fallait enfin faire passer l'intérêt de la France avant
celui de l'Italie, M. Thiers dit qu'il était opposé à ce que
Rome fut livrée à l'Italie, par trois motifs, et l'un de ces
motifs était textuellement ceci :

« Il y a un danger qui peut et qui doit inquiéter l'Eu-
» rope, c'est l'ambition de la Prusse. L'exemple de Victor
» Emmanuel a de quoi tenter, et il est évident aujourd'hui
» que cet exemple a frappé la Prusse ; du reste, elle n'en
» avait pas besoin, car les idées que cet exemple a susci -
» tées chez elle sont déjà anciennes. Et pour moi, l'un de
» mes griefs les plus grands contre l'unité italienne, c'est
» qu'elle est destinée à être la mère de l'unité allemande.
» Et le jour où la Prusse réunirait dans ses mains 40 mil-
» lions d'Allemands, et qu'au port de Dantzig qu'elle a
» déjà, au port de Kiel qu'elle va créer, elle joindrait les ports
» de Hambourg et de Brême, ce jour là, très-vraisembla-
» blement appuyée sur l'Angleterre, elle ferait courir à la
» France les plus grands dangers que la France ait courus
» dans son histoire. »

Puis il ajouta qu'il y a en Europe deux puissances dont
l'alliance est inévitable, invariable, que rien ne peut empêcher d'être : la Russie et la Prusse, et qu'au jour du danger, la France ne pourrait même pas compter sur l'Italie
dont la reconnaissance ne durerait qu'autant que nous
pourrions lui être utile.

Ce qui en dehors de la justesse extraordinaire de ces

avertissements, frappe l'esprit de ceux qui cherchent à trouver dans de telles lectures une diversion aux fièvreux loisirs d'aujourd'hui, ce sont les ménagements dont M. Thiers enveloppait le blâme et les conseils qu'il adressait au gouvernement, à l'opposition et à la majorité.

En effet, lui si incisif, qui a si souvent tranché dans les faux raisonnements de ses contradicteurs, comme le diamant tranche dans le cristal, et qui avait, lors de la discussion de la loi des fortifications de Paris, écrasé l'argumentation de M. de Lamartine sous le poids d'une ironie qui, pour être dictée par les motifs les plus justes et les sentiments les plus patriotiques, n'était pas moins excessive; cet homme, tout de vivacité, fut d'une douceur extrême à l'égard de ceux qui compromettaient la France et dont les actions et les paroles le remplissaient de frémissement.

C'est qu'il travaillait au salut de sa patrie, et qu'il cherchait un moyen pour désunir, à l'aide de la puissance de son esprit et de sa profonde habilité à manier les hommes, ce gouvernement, cette opposition et cette majorité dont l'entente, sur la question extérieure, menaçait de perdre la France et l'a perdue. Et, dans ce but, il professait l'histoire à la tribune pour rétablir dans le plus magnifique langage qui ait jamais été adressé à une Assemblée, la vraie notion de la politique : la conservation de la nation à laquelle on appartient, notion obscurcie depuis vingt années par tant d'actes insensés et tant de creuses déclamations. Il cherchait avec une patience infinie, à ramener le gouvernement à des agissements moins dangereux pour la France et pour lui-même, l'opposition, à des sentiments plus nationaux, et il essayait de donner à la majorité la conscience de ce qu'elle devait au pays, en lui apprenant comment ont toujours agi les hommes qui ont bien mérité de leur patrie.

Il y aurait un beau chapitre à écrire sur ce qui aurait pu arriver, et surtout sur ce qui aurait pu ne pas arriver, si l'opposition avait, dès 1859, prodigué au gouvernement et à la majorité les avertissements que M. Thiers a donnés à tous dès son entrée, malheureusement tardive au Corps législatif; et on peut dire d'abord que certainement les choses n'auraient pas plus mal tourné qu'elles ne l'ont fait. En effet, si dès le premier janvier 1859, la gauche avait blâmé l'allocution de Napoléon III à M. de Hubner, allocution qui était une déclaration de guerre à l'Autriche; si pour empêcher cette guerre, elle en avait appelé, elle qui a fait si souvent de semblables appels, à l'humanité, au respect de la vie! au progrès qui doit, elle l'a toujours dit, émanciper tous les peuples (et pourquoi pour avancer, de quelque temps seulement, l'affranchissement de l'Italie, verser des flots de sang, et compromettre la France); si au lieu d'aider à l'ovation dont l'empereur fut l'objet, à son départ pour l'armée, l'opposition avait travaillé à amoindrir cette manifestation; si elle avait applaudi à la paix de Villafranca; si, dès lors et toujours, elle s'était, attachée à amener le statu quo dans la situation de l'Italie, peut-être, tout aurait été changé. Il est incontestable que le premier résultat de cette attitude de la gauche aurait été de réduire le gouvernement à être à peu près seul de son opinion dans cette question, car la majorité n'a acquiescé qu'avec répugnance à la reconstitution de l'Italie. Et le gouvernement embarrassé, dans la voie fatale où il était entré, par le sentiment religieux en face duquel il n'aurait jamais osé livrer Rome à l'Italie, par l'esprit conservateur qui se défiait instinctivement des changements territoriaux, et par l'opposition qui, au lieu de lui prodiguer ses applaudissements, d'abord, et ses excitations, ensuite, aurait combattu cette entreprise par ses orateurs et ses journaux, et aurait travaillé ainsi à influencer l'opinion publique en sens inverse de l'impulsion qu'elle lui avait donnée, le gouvernement aurait peut-être abandonné son enteprise inachevée.

Et ç'aurait été notre salut, car, ainsi que l'a dit M. Thiers, nous commandions aux événements jusqu'à Sadowa.

L'homme aussi inexplicable que malfaisant, qui n'a pas su affronter la mort à Sedan, après avoir montré durant vingt années dans Paris son visage de fataliste aux assassins de la caserne de la Villette, pouvait être influencé, peut-être, et amené à s'arrêter, puisqu'il avait su s'arrêter à Sébastopol et à Villafranca, la première fois, au moment où la France, parvenue à l'apogée de son influence en Europe depuis 1815, n'avait plus à gagner à continuer la guerre ; la seconde fois, lorsqu'il comprit, ou lorsqu'on lui fit comprendre, ainsi que cela a été dit, que la France allait être menacée.

En définitive, ce qui ressort, surtout de la conduite qu'a tenue l'opposition jusqu'à l'arrivée de M. Thiers à la Chambre, c'est qu'elle n'avait pas, pour la France, une de ces affections incommensurables qui donnent, à ceux qui les ressentent, l'infaillible pressentiment du danger que courent ceux qui en sont l'objet.

Plus tard, le 3 mai 1866, date à jamais fatale, elle commit, au détriment de sa patrie, la faute irrémissible, ce qu'en politique, on peut appeler la faute lourde : elle se prononça contre elle dans la question vitale, et, alors que le danger était prophétisé, supputé, palpable et imminent.

Le 3 mai 1866, la loi du contingent étant en discussion, M. Rouher vint exposer à la tribune du Corps législatif, devant l'Europe et la France attentives et silencieuses, la conduite que le gouvernement impérial avait suivie, et celle qn'il se proposait de suivre dans le conflit élevé par la Prusse et l'Italie contre l'Autriche, conflit qui semblait tout près d'être résolu par la force.

Sa déclaration fut d'une briéveté extraordinaire : il se contenta de dire que la politique du gouvernement impérial avait été constamment pacifique dans la question des duchés de l'Elbe, et que son action continuait en faveur de la paix. Mais que les questions en discussion, ne touchant pas à l'honneur et aux intérêts de la France, le gouvernement n'avait pas à agir, et que, décidé à rester dans la neutralité, il réservait toute sa liberté d'action pour faire face aux événements qui surviendraient. Et M. Rouher ajouta que l'Italie pouvait se croire appelée à intervenir par les armes, et qu'elle en était libre, étant une nation indépendante ; mais qu'elle en serait seule responsable, au cas où elle attaquerait l'Autriche sans être provoquée par elle.

Le gouvernement français venait donc de déclarer solennellement à la Prusse et à l'Italie qu'elles pouvaient faire la guerre à l'Autriche, lorsque M. Thiers monta à la tribune pour tenter, en faveur de la paix, un effort proportionné à l'immensité du péril que cette politique aveugle allait créér à la France, si elle était suivie jusqu'au bout.

Il retraça d'abord l'inique spoliation des duchés consommée par la Prusse, l'Autriche et une portion de la Confédération sur le Danemark ; il prouva que la France avait abandonné ce fidèle et dernier allié de nos jours malheureux, lorsque la Russie et l'Angleterre tenaient encore pour lui, et que cet abandon seul avait permis à ces puissances d'attaquer le Danemark et de le dépouiller. Il démontra que la possession des duchés n'était que le prétexte de la guerre qui se préparaît, et que le but réel de la Prusse était de s'emparer de la plus grande partie de la Confédération germanique et d'imposer sa suzeraineté au restant de la Confédération, en attendant qu'elle pût le conquérir définitivement ; il fit l'histoire de la Confédération, et il expliqua qu'elle était un gage de sécurité pour l'Europe, parce que toujours prête à repousser une attaque dirigée contre l'Allemagne, elle renfermait des intérêts trop divisés pour faire des guerres d'agression ; il répéta que l'agrandissement de la Prusse serait un danger immense pour la France, et, ne voulant rien passer sous silence, de ce qui pouvait frapper les esprits et conjurer les périls, il fit entrevoir que l'Alsace, dont une partie parle l'allemand, pourrait être revendiquée par l'Allemagne (chose à peine supposable alors, et il n'y a pas de cela cinq ans !) en vertu de ce beau principe nouvellement inventé par les proneurs des grandes agglomérations, que la conformité de langage devait être, dans le droit nouveau, une des bases des nationalités.

Et il conclut, de cette manière, qu'il ne conseillait pas au gouvernement impérial de faire la guerre à la Prusse, pour empêcher la Prusse de faire la guerre à l'Autriche, « bien qu'il connût d'autres gouvernements qui n'y auraient pas manqué ; » mais que la France avait le droit d'intimer à l'Italie, qu'elle venait de créér en sacrifiant 50 mille de ses soldats et 400 millions de sa fortune, la défense d'intervenir dans la guerre qui menaçait d'éclater, et que ce droit, elle le ferait respecter, fallut-il, pour cela, employer la force.

Puis il ajouta qu'il n'y avait pas à craindre que l'Italie rompît avec nous, car elle avait encore trop besoin de notre appui, et il acheva en disant que la Prusse, privée du concours de l'Italie, ne déclarerait pas la guerre à l'Autriche et à la Confédération, mais que, si par impossible, cela arrivait, les chances de succès de la Prusse seraient infiniment diminuées.

Ce fut ensuite à M. Jules Favre de faire connaître le sentiment de son parti, et il l'exprima plus brièvement encore que M. Rouher, et d'une façon plus concluante, s'il est possible, en faveur de la guerre.

Après une de ces brillantes variations dans lesquelles excelle ce virtuose de la parole, ayant dit que l'on reconnaîtrait si la paix du monde venait à être troublée que ce serait par l'ambition de quelques hommes et non par les passions révolutionnaires ; ayant reconnu que le discours que venait de prononcer M. Thiers avait produit une grande sensation, et était appelé à avoir un immense retentissement, il se sépara de lui et s'exprima ainsi. Nous citons textuellement, car la chose en vaut la peine :

« Il est impossible que la France ait oublié la solidarité,
» non-seulement de sentiments, mais encore d'intérêts qui
» l'unit à l'Italie.

» Oui l'Italie nous doit son affranchissement. C'est
» grâce aux trésors et au sang de la France que, en 1859,
» il lui a été possible de repousser l'étranger derrière les
» rives du Mincio.

» Personne n'a oublié non plus que la France avait pris
» un engagement plus ample. Il ne m'appartient pas de
» discuter   les raisons que j'ai examinées ailleurs et qui
» ont empêché l'accomplissement de ce grand-œuvre. Mais,

» ce que je puis affirmer, c'est que l'Italie, lorsqu'elle
» veut conquérir la Vénétie, a le droit pour elle..... (As-
» sentiment autour de l'orateur. — Exclamations et ru-
» meurs sur un grand nombre de bancs.) « un droit im-
» prescriptible ; ce droit, elle en use à ses risques et
» périls. »

La séance fut remplie par ces deux brèves déclarations
et cet immense discours, à l'exception, toutefois, de quelques paroles pronorcées par le déplorable M. Olivier, qui,
dans cette occasion, comme il lui arriva si souvent du reste,
parla d'une façon incompréhensible, plutôt, pour prouver
que rien ne pouvait se passer sans qu'il s'en mêlât, que
pour dire réellement quelque chose ; et elle fut terminée
par M. Rouher, qui, inquiet de la sensation produite par
M. Thiers, et ayant hâte de clore la discussion, vint annoncer que le gouvernement recevait « à l'instant même »
une dépêche par laquelle l'Italie s'engageait à ne pas
attaquer l'Autriche. Cette dépêche, qui n'a jamais été
produite, quelqu'insistance qui ait été mise depuis par
plusieurs députés à en demander les termes, était une de
ces suppositions familières au gouvernement impérial, et
qui l'avaient fait tomber si bas dans l'estime publique avant
qu'il se fût déshonoré à jamais par l'ignominie de sa fin.

L'impression produite par cette fatale séance se dégage
davantage, en isolant les personnages et en faisant ressortir
leur situation, qu'en suivant le mot à mot de leurs discours.

D'une part, le ministre et l'homme de parti, tous les
deux si brefs, si décisifs, si tranchants.

Le premier, qui vient solennellement, à la face du
monde, déclarer à la Prusse et à l'Italie qu son maître
les autorise à attaquer l'Autriche.

Le second, qui confirme l'autorisation, et qui l'accentue en proclamant « le droit imprescriptible de l'Italie. »

Et, de l'autre part, le suppliant, le grand et infortuné patriote qui implore pour sa malheureuse patrie, pour la nation la plus puissante qui fut au monde et qui en est demeurée la meilleure.

Et ce qui achève de donner un caractère navrant à cette scène, c'est que la supplication était adressée à deux partis également inexorables et à une Assemblée émue, mais impuissante, et qu'elle ne pouvait être recueillie que par Dieu.

Les conséquences de la séance du Corps législatif du 3 mai 1866, ne mirent à se produire que le temps qui était nécessaire à la Prusse et à l'Italie pour compléter leurs armements. Dès qu'ils furent terminés, elles attaquèrent l'Autriche sans aucun souci d'en être empêchées, et celle-ci, dont toutes les forces auraient été nécessaires dans le Nord, ayant été obligée d'en employer une portion pour faire face à l'Italie, succomba à Sadowa le 3 juillet. De sorte que moins de trois mois après que MM. Rouher et Favre eurent ouvert le champ clos aux deux nations alliées, la Prusse réunissait sous sa domination 38 millions d'Allemands, et l'Italie possédait la Vénétie. Elle ne devait acquérir Rome que le jour où la France perdrait Strasbourg et Metz : son unité a daté du moment où finissait la nôtre, ce fut comme une transfusion.

La Prusse, possédant dès lors Hambourg et Brême, la population sur laquelle elle recrutait précédemment ses armées étant doublée, et son organisation militaire qui, de chaque homme fait un soldat, ayant été appliquée immédiatement à ses annexés et à ses vassaux, elle devint, pour la France, le danger permanent que M. Thiers avait signalé dans la séance du 13 avril 1865.

On a déjà beaucoup discuté et on discutera plus tard bien davantage encore, si Sadowa ayant existé, la guerre entre la France et la Prusse n'était pas inévitable, et l'affirmation s'est traduite, avant 1870, de cette façon saisissante que ces deux nations étaient depuis Sadowa semblables à deux locomotives lancées en sens inverse sur la même voie, et qui doivent finir par se rencontrer si éloignés qu'aient été leurs points de départ. Il ne rentre pas dans le cadre que nous nous sommes fait, de traiter cette question, mais il nous paraît indiscutable que tout danger d'agression venant de la France aurait disparu, si elle avait eu un gouvernement tant soit peu raisonnable, car elle ne pouvait conserver aucun espoir de conquérir les provinces Rhénanes, dès que l'Allemagne était réunie sous le sceptre de la Prusse.

Mais la responsabilité qui revient au gouvernement et à l'opposition demeure entière, de quelque manière qu'on envisage les choses, car, depuis 1859, ces deux partis, si divisés d'ailleurs, avaient travaillé, de tout leur pouvoir, à élever sur les limites de la France des puissances considérables qui étaient menaçantes pour elle, sa sécurité ne reposant plus dans la supériorité de ses forces, mais dans le bon vouloir de ses voisins : Personne ne pouvait, a dit M. Thiers, empêcher la Prusse de faire un coup de tête après Sadowa, car, dès lors, nous ne commandions plus aux événements.

On peut ajouter que ce qui appartient en propre à Napoléon III dans cette faute, c'est que, chargé de défendre la nation, et ayant le devoir et les moyens de connaître ce qui se passait chez nos voisins, il n'ait pas su que la constitution militaire de la Prusse et son armement assuraient le triomphe de cette puissance jointe à l'Italie sur l'Autriche ; et que ce qui en revient, en particulier, à l'opposition, c'est de ne pas avoir été prise de défiance contre ses propres idées, sur la politique extérieure, en voyant qu'elles étaient conformes à celles d'un homme qu'elle combattait sans relâche, et dont, avec raison, elle trouvait, par ailleurs, la politique détestable.

La mesure des erreurs possibles devait, du reste, être comblée par le gouvernement, lorsqu'il déclara une guerre folle et insoutenable, au sujet d'un incident qui, lors même qu'il aurait été une provocation préméditée, devait être passé sous silence, tant la France était moins préparée à la guerre que l'Allemagne. Elle devait être aussi comblée par les hommes de la gauche, quand ils s'approprièrent la double mission de combattre et de traiter, eux qui ne s'étaient, jusqu'à ce moment, occupés de guerre que pour proclamer l'inutilité de l'armée, et, de politique extérieure, que pour aider à mettre la France en infériorité de force vis-à-vis de son adversaire, et à qui les événements venaient de prouver leur inaptitude spéciale pour la guerre et la diplomatie.

Cependant, les conséquences de ces fautes ont été aussi inégales que possible pour ceux qui en partagent la responsabilité : Napoléon III en a été puni par sa chute, tandis que la gauche y a recueilli l'avènement de la forme gouvernementale qui avait ses prédilections. Et il y a cela de remarquable encore dans cette chute et dans cet avènement, que l'un et l'autre ne pouvaient résulter que de l'invasion étrangère, car le gouvernement impérial, venant d'obtenir, malgré toutes les fautes qu'il avait commises, sept millions trois cent mille voix contre quinze cent trente mille voix, total de toutes les oppositions et de toutes les insécurités réunies dans le plébiscite du 8 mai, n'avait plus rien à craindre, pour son existence, hors une guerre avec l'Allemagne qu'il a provoquée, mais qui, depuis Sadowa, était peut-être inévitable à bref délai.

Il semblerait que la révélation foudroyante de la force de la Prusse aurait dû changer du tout au tout la conduite et le langage du gouvernement et de la gauche : il n'en fut rien. Le gouvernement persévéra à susciter des incidents qui étaient de nature à troubler la paix, et il continua à parler aussi haut que s'il eût encore été l'arbitre des destinées de l'Europe ; et la gauche ne diminua rien de ses exigences, au sujet de Rome, qu'il fallait donner à l'Italie, de l'armée qui devait être réduite, etc, etc. On aurait pu supposer, en examinant et en écoutant le gouvernement et l'opposition de 1867 à 1870, que le 3 juillet 1866, il ne s'était rien passé que d'ordinaire. Mais il y avait quelqu'un, c'était M. Thiers, qui donna, aussitôt qu'il put aborder la tribune, ce fut huit mois après Sadowa, des conseils empreints d'une si profonde tristesse et qui dénotaient des appréhensions si vives, qu'il fallait, pour ne pas en être troublé, ne tenir aucun compte des faits accomplis.

Il dit que Sadowa était le plus grand événement arrivé depuis plusieurs siècles ; que l'équilibre européen n'existait plus ; que la Prusse était libre de faire un coup de tête lorsqu'elle le voudrait ; que nous dépendions des événements ; que la France n'était plus qu'une puissance de second ordre ; qu'il n'y avait plus une faute à commettre, et il conseilla la résignation.

Ce ne sera pas un des moindres mérites de cet homme illustre qu'après s'être autant complu dans l'étude de la grandeur militaire de sa patrie, il ait été aussi prompt à s'apercevoir de la diminution de sa puissance, et si franc à lui déclarer que le moment était arrivé, pour elle, de ne prétendre qu'à un modeste rôle dans le monde. Cette prévision et cette franchise lui donnent bien plus de droit à notre reconnaissance que l'opposition qu'il fit à la déclaration de guerre à la Prusse. Cependant, c'est de cette opposition qu'on le loue actuellement, exclusivement, en laissant de côté (probablement pour effacer, de l'esprit public, que les hommes de la gauche, qui ont eu comme lui, le mérite de s'opposer à la guerre, avaient d'abord tout fait pour la rendre possible) ce qu'il a tenté, de 1865 à 1870, pour écarter les causes de la guerre.

Il ne faut pas, toutefois, nier que, pendant longtemps, jusqu'à la guerre d'Italie, peut-être, il n'ait caressé l'espoir d'une extension des frontières de la France, résultant d'une conflagration dans laquelle nous aurions eu pour nous, le droit, la force et des alliances. C'est qu'ayant fait de l'étude, de notre gloire passée, la principale occupation de sa vie, il était dans cette situation des descendants d'illustres familles amoindries et non déchues, lesquels se retracent incessamment les images de la splendeur effacée de leur race, et qui, tout en acceptant momentanément leur condition obscure, se promettent, en sentant que le sang de leurs ancêtres ne s'est pas appauvri en passant dans leurs veines, de ne pas faillir, l'occasion aidant, à reprendre le rang d'où le malheur les a fait descendre.

On a reproché à M. Thiers d'avoir raconté, avec trop de complaisance, les guerres du premier Empire, et d'avoir, par cela, été une des causes de la prédilection de la France pour la gloire militaire. Il se trouve qu'en un mot, il a répondu lui-même à ces critiques ; c'est quand il a dit, dans un passage de son *Histoire du Consulat et de l'Empire*, en parlant des grands faits d'armes « que ce sont de ces » choses qu'il ne faut pas trop rappeler à un peuple, mais » qu'il ne faut pas trop non plus lui laisser oublier. »

Et c'est précisément parce qu'il avait rempli la grande et patriotique tâche de rappeler à la France ce qu'elle pouvait accomplir, et ce qu'il y a toujours à redouter de la fortune, lorsque l'ambition d'un peuple va au-delà de ce qui est possible et de ce qui est juste, qu'il a eu un plus grand mérite en annonçant à son pays que Sadowa avait changé les rôles, et qu'il ne fallait plus prétendre qu'à de modestes destinées.

Toutefois, pendant qu'il cherchait à faire comprendre quelle était l'attitude effacée qui convenait, au moins momentanément, à la France, il ne négligeait pas d'indiquer les moyens effectifs à l'aide desquels les dangers de la situation pouvaient être prévenus. Et le premier de ces moyens, c'était d'avoir une armée composée de huit ou même de neuf contingents, chacun de cent mille hommes, sans aucune déduction que celle provenant des non-valeurs naturelles, et qui, réunissant ainsi un effectif réel et bien exercé de six cent mille ou de six cent quatre-vingt mille vrais soldats, aurait été une force suffisante, mais indispensable depuis 1866, pour repousser une agression imprevue et pour assurer l'intégrité de notre territoire. Cette armée aurait été non pas semblable à celle de Sedan, composée, en partie, de réserves n'ayant que cinq mois de caserne, mais à celle de Reischoffen, armée de fer, comme l'armée de Waterloo était une armée « de flamme » et qui, ayant combattu à un homme contre trois, et à un canon contre trois canons et demi, n'a quitté le champ de bataille qu'après y avoir laissé en morts ou blessés le tiers de son effectif, et avoir affirmé ainsi de nouveau ce que quinze ans auparavant, sous le commandement du même homme héroïque, l'armée française avait affirmé en prenant d'assaut la position de Malakoff, que nos véritables soldats n'ont pas cessé d'être les premiers soldats du monde.

M. Thiers appuyait donc, chaque année, la demande du contingent qu'il aurait voulu plus considérable, et il combattait toutes les propositions ayant pour objet des réductions au budget de la guerre. Et, en même temps, il conseillait au gouvernement de se tenir en dehors des questions extérieures, et il disait que si nous étions tout à la fois forts et tranquilles, nous finirions par rassurer l'Europe et par ramener à nous l'Angleterre, les petits Etats, et probablement aussi l'Autriche, et que l'Europe pourrait encore espérer quelques jours de paix.

Ce fut le 2 juillet dernier, il y a un jour ou un siècle, que, pour la dernière fois, avant la catastrophe, il s'efforça de faire comprendre combien le sinistre avertissement donné par l'écrasement de l'Autriche devait inspirer à la France de circonspection dans les actes de sa politique internationale, et de vigilance dans ses armements.

C'était encore au sujet du contingent. Le gouvernement en réduisait pour 1871 le nombre qui ordinairement était de cent mille hommes à quatre-vingt-dix mille, et l'opposition réclamait une autre réduction de dix mille hommes. La discussion eut lieu entre M. Jules Favre et M. Thiers, en passant, comme d'habitude, au-dessus de M. Olivier, qui, cependant, fit un discours dans lequel on trouve cette affirmation que jamais la paix n'avait été plus assurée, et cette lacune qu'il ne renferme aucune raison établissant pourquoi la paix étant certaine, il fallait lever plutôt qua-vingt-dix que quatre-vingt mille hommes.

Certains passages des discours que les deux grands orateurs prononcèrent dans cette circonstance, résument complétement la manière de voir que chacun d'eux défendait depuis cinq ans contre l'autre : l'un, servant d'organe à un parti qui disait, alors, qu'une nation doit diriger sa politique extérieure d'après les inspirations qui régissent ses affaires intérieures, et qu'il n'y a pas plus de précautions à prendre contre le dehors que contre le pays lui-même ; l'autre, obéissant aux leçons de l'expérience qui, à toutes les pages de l'histoire, enseigne que le droit a toujours besoin d'être appuyé par la force, et que les empires périssent, comme les individus, pour ne pas être suffisamment préparés à se défendre.

Les désastres qui ont accablé la France depuis le 2 juillet dernier, ne permettant d'élever aucun doute sur le mérite respectif de ces deux opinions, nous laisserons aux personnes qui liront cette modeste étude à se décider sur la part qui doit être attribuée à chacun dans les événements actuels, et nous terminerons par des citations des discours que M. Jules Favre et M. Thiers prononcèrent le 2 juillet 1870, quatre jours avant la déclaration que M. de Grammont fit au Corps législatif, au sujet de la candidature du prince de Hohenzollern au trône d'Espagne.

M. Jules Favre. « L'illustre historien, trop préoccupé
» des travaux qui ont fait la gloire de sa vie, ne se préoc-
» cupe pas des nouvelles relations qui s'établissent entre

» les peuples, par le commerce, du reveil de l'esprit pu-
» blic, des progrès du mouvement philosophique, de la
» puissance du souffle de la liberté :

» Leur action fera disparaître des sentiments de rivalité
» qui n'ont plus raison d'être ; » et ailleurs : « quel intérèt
» auraient donc ces quarante millions d'hommes à se jeter
» sur nous et à nous faire la guerre ? »

M. Thiers : « Nous reprochons au gouvernement Sa-
» dowa. Sadowa est un malheur irréparable. Ce n'est une
» faute que si c'est un malheur, et si c'est un malheur,
» nous ne pouvons pas l'annuler et raisonner comme si
» rien ne s'était passé. C'est un événement immense, le
» plus grand qui se soit accompli depuis plusieurs siècles.

» Vous nous parlez de la civilisation, de la philosophie.
» des intérêts, des échanges qui unissent aujourd'hui les
» peuples.

» Mais croyez-vous que depuis quatre ans, l'esprit hu-
» main ait beaucoup changé ?

» La philosophie a-t-elle empêché l'armée prussienne
» de marcher sur Vienne ?

» Et quand l'occasion de changer la face du monde s'est
» présentée, cela a-t-il empêché la Prusse de la saisir ? »

Et plus loin : « Pourquoi Sadowa a-t-il donné au monde
» un spectacle imprévu ?

» Parce qu'on n'était pas préparé à Vienne, et qu'on
» l'était à Berlin. C'est ainsi que les empires périssent. »

10 mars 1871.

Bordeaux. — Typo. & Litho. G. Chariol.